JEANNE
D'ARC
À
DOMREMY
PAR
OSVALD LEROY
1890

JEANNE D'ARC
A DOMREMY

Il a été tiré de cet ouvrage trente exemplaires sur papier de Hollande au prix de trois francs.

OSVALD LEROY

JEANNE D'ARC

A DOMREMY

—o—

Son histoire. — Guide du pélerin à Domremy et dans les environs. — Historique de la Basilique et de la statue monumentale. — La statue de Frémiet à Nancy. — Biographie de MM. Sédille, Frèmiet et Osiris.

Dessins à la plume par M. G. Save.

Prix : 1 fr. 25

Imprimerie L. Humbert, Saint-Dié-des-Vosges

1890

PRÉFACE

Pourquoi écrire une préface puisqu'on ne la lit jamais?

C'est parfaitement vrai, mais, puisque c'est l'habitude.... je commence.

L'évêque de Jeanne d'Arc — ce n'est pas de Mgr Pagis que je veux parler — écrivait à un prêtre vosgien quelque temps avant de venir occuper le siège de St-Dié:

« Je veux être moi aussi, un vrai soldat de Jeanne d'Arc... un peu vieux, et tard venu mais de franc cœur et de bon courage.»

Du courage, il en faudra certes à Mgr Sonnois pour mener à bien dans des circonstances particulièrement difficiles la tâche commencée.

Après avoir longtemps délaissé Jeanne d'Arc, chacun veut aujourd'hui honorer à sa façon celle qui a droit au double titre de Sainte de la Patrie et de libératrice de la France.

Aussi, trois projets se trouvent en présence.

1· Celui entrepris par Mgr de Briey et qui a reçu depuis quelques années un commencement d'exécution.

2e Le projet de Mgr Pagis consistant à élever un monument national à Vaucouleurs.

3· Le projet du Conseil général des Vosges consistant à élever un monument national à Domremy en face de la maison de l'héroïne.

Exami ions à grands traits chacun de ces trois projets. N'étant ni Vosgien ni Meusien, tout bonnement Français, nous avons quelque chance de ne pas nous laisser entraîner par l'esprit de clocher. Et, avant tout, expliquons nous bien sur cette grande question de Jeanne religieuse et de Jeanne laïque invoquée les trois quarts du temps par des gens qui n'ont lu l'histoire de Jeanne ni dans Michelet, ni dans Henri Martin, ni dans Vallon, ni dans Quicherat, ni dans Siméon Luce, ni enfin dans aucun de ceux qui ont célébré Jeanne et s'en sont fait une idée à la lecture seule de leur journal.

*
* *

Le clergé a-t-il jamais eu l'idée de séparer dans Jeanne d'Arc l'idée de patrie de l'idée de religion? Non, n'est-ce pas et ce serait, du reste, chose absurde. Pourquoi donc, certains veulent-ils retirer à Jeanne sa mission divine et religieuse, et supprimer toute cette poèsie qui la fait si grande et si belle?

Plutôt que de se rendre au prodige, ils aiment mieux en faire une hallucinée, une idiote sublime, soit, mais après tout une simple folle.

Et pourquoi en arrivent-ils là?

Par haine de Cauchon et du clergé !

Pierre Cauchon, voilà le gros mot lâché !

Oh! il est parfaitement vrai qu'il s'est trouvé un évêque assisté de plusieurs prêtres et chanoines qui ont condamné Jeanne. Mais, qu'était-ce donc que ce Cauchon?

Il était évêque de Beauvais et avait simplement droit de juridiction sur le territoire où Jeanne avait été prise. Créature absolument dévouée aux Anglais, véritable génie du mal, il avait obtenu des *lettres de territoire* lui étendant ce droit de juridiction à Rouen où Jeanne était détenue.

Les Anglais et lui composèrent donc le tribunal à leur convenance. Les Anglais voulaient la mort de Jeanne: il fallait trouver des bourreaux et non des juges. Mais, de nos jours, ne voit-on pas encore parfois se créer des juridictions exceptionnelles? L'histoire impartiale rapporte, qu'à part trois ou quatre créatures faites à l'image de Cauchon, il n'était pas un membre du tribunal qui ne fut dominé par la crainte des Anglais. L'un d'eux, homme très honnête et d'une grande vertu que Cauchon avait voulu s'adjoindre au début, Jean Lahier, voyant entre quelles mains la Pucelle était tombée, dut s'enfuir à Rome, par crainte d'être noyé par les Anglais.

Etait-ce donc bien là un véritable tribunal ecclésiastique? Il était composé de prêtres, il est vrai, mais de quels prêtres?

Jeanne ne demanda-t-elle pas constamment à ce que des ecclésiastiques du parti français fussent appelés à siéger parmi les assesseurs et Cauchon ne refusa-t-il pas constamment? Jeanne ne demanda-t-elle pas également à être entendue par le Pape ou par le concile de Bâle et Cauchon ne détourna-t-il pas la question?

Le même ne refusa-t-il pas de tirer Jeanne des prisons d'Etat pour la transférer dans les prisons d'Eglise ?

Oui, tous ces prêtres, ces docteurs de l'Université de Paris, ville occupée alors par les Anglais ont droit aujourd'hui aux malédictions de la postérité, mais faisons aussi la part des choses et rappelons nous que nous sommes en 1431 et non en 1890; qu'une partie de la France était seulement libérée par Jeanne ; que l'autre partie était dévouée aux Anglais ; que, de tout temps, il s'est toujours trouvé des gens pour s'incliner devant les puissants du jour et se plier bassement sous leur volonté dans un but de lucre, d'honneurs ou simplement par peur.

Et alors qu'à un demi-kilomètre de distance, Domremy et Maxey guerroyaient l'un contre l'autre, comment s'étonner que dans ces époques troublées, les Anglais aient pu composer un semblable tribunal?

Pourquoi donc rendre l'Église toute entière responsable d'un crime commis par quelques-uns des siens qui auraient dû se dire qu'avant d'être Bourguignons ou Anglais, ils étaient d'abord des ministres de paix et qu'au-dessus de la querelle des partis il y avait cette grande question: la justice.

Partant de là, quelques-uns disent: Un monument religieux à Domremy ne serait qu'expiatoire!

Mais, l'expiation a eu lieu en 1456 lors du procès de réhabilitation entrepris par le pusillanime Charles VII devenu plus ferme sur la fin de ses jours. Le pape Calixte III a condamné le premier jugement le déclarant vicié « par le dol, l'iniquité, les erreurs de fait et de droit. »

Que pouvait donc faire de plus l'Eglise?

Nous le répétons. De ce qu'il s'est trouvé à une époque troublée de notre histoire des prêtres et des théologiens plus bourguignons et anglais que ministres de paix et de justice, qui se sont montrés traitres à Dieu et à la Patrie, doit-on faire remonter la responsabilité de leur crime à l'Eglise qui les a elle-même condamnés ?

A ce compte-là, à une époque beaucoup plus rapprochée de la nôtre, n'avons-nous pas vu notre grande Révolution enfanter des monstres?

Est-ce une raison pour lui dénier les grandes réformes qu'elle a accomplies et les abus qu'elle a détruits?

Ne profitons donc pas du procès de Jeanne pour

biffer d'un trait de plume ou d'un coup de langue les siècles de notre vieille monarchie qui, avec des alternatives de gloire et de misère ont fait la France grande et prospère.

Ne combattons pas, surtout à propos de Jeanne d'Arc, l'idée religieuse.

Ne pratiquez pas, ayez la foi ou ne croyez à rien, cela vous est permis, mais n'insultez pas aux croyances simples et sublimes de la sainte de la France.

Ne cherchez pas surtout à en faire une folle ou une sorte d'hypnotisée, système avec lequel on cherche aujourd'hui à expliquer bien des choses.

Pour nous, nous croyons absolument impossible de séparer de Jeanne ces deux idées: Dieu et Patrie. Les actes de sa vie entière, ses réponses à la fois naïves et sublimes lors de son procès, protestent contre toute autre idée. Partout elle a déclaré qu'elle était l'envoyée de Dieu, l'instrument dont il se servirait pour délivrer la Patrie. Lorsqu'on la conduit au bûcher, elle a pour ses ennemis des paroles de pardon, pour son roi une dernière pensée de dévouement et d'espérance. Elle exhale enfin son dernier soufle dans ce mot qui s'échappe de ses lèvres de vierge mourante: Jésus! Sa vie fut bien celle d'une croyante, sa mort fut celle d'une sainte.

*
* *

Ces explications données, nous comprenons

parfaitement la pensée qui a animé Mgr de Briey jetant les fondations d'une basilique à Domremy. C'est là, aussi bien que devant la statue dont nous parlerons plus loin que devront se rencontrer tous ceux qui ont le culte et des croyances et du patriotisme.

La ville d'Orléans qui est cependant une ville éclairée et bien républicaine ne fraternise-t-elle pas chaque année le 8 mai, jour anniversaire de sa délivrance avec le clergé qui déploie ce jour là toutes ses pompes pour honorer Jeanne?

L'armée ne se joint-elle pas au cortège triomphal en souvenir de celle qui a conduit nos ancêtres à la victoire? Le maire, le conseil municipal se rendent de l'Hôtel de Ville à la Cathédrale et aucun d'eux ne croit déroger en rendant ainsi publiquement hommage à la libératrice de leur ville et en célébrant dignement cette fête de la religion, du patriotisme et de l'éloquence.

Pourquoi donc, nous, dans notre Lorraine bien aimée, continuerions-nous à nous quereller et à bouder, les uns la basilique, les autres la statue? Serions-nous moins tolérants que les gens du Loiret ?

Arrivons maintenant à l'idée de Mgr Pagis voulant élever à Vaucouleurs un monument national en l'honneur de l'héroïne. « Monument national » est bientôt dit, mais, sans renouveler sur le dos d'un évêque une stérile polémique, voyons un peu ce que c'est qu'un monument national. C'est celui auquel toute une nation prend intérêt, celui qui sera un centre de vénération, de souvenir et de reconnaissance.

Lorsqu'on élève une statue à un grand homme, lorsque l'on convoque un pays entier à venir honorer sa mémoire, le fait-on là où il ne s'est arrêté que quelques heures parcequ'il ne pouvait faire autrement? Non, on lui rend les honneurs là où il est né, là où il est mort ou bien là où il s'est signalé par quelques hauts faits ?

Est-ce le cas de Vaucouleurs ?

Les mœllons que l'on pourra entasser dans ce chef-lieu de canton ne feront pas que Jeanne d'Arc ne soit née à Domremy, qu'elle n'y ait entendu les voix célestes annonçant la délivrance de la Patrie. A moins de transporter tous ces souvenirs à Vaucouleurs, nous ne voyons pas trop comment le pays du sire de Baudricourt pourra jamais devenir un but de pélérinage national. Le bon sens populaire, la vérité historique protesteront constamment contre ce projet.

Tenter d'élever un monument national à Vaucouleurs, c'est poser en cas de réussite une énigme indéchiffrable à nos descendants.

Que Mgr Pagis élève un monument, si beau soit-il, à Vaucouleurs, nous l'approuvons des deux mains, étant de ceux qui voudraient voir un monument de la Pucelle dans chaque village de France, mais de là à prétendre qu'il sera national, il y à loin.

Soyons juste cependant à l'égard de Mgr Pagis qui a pu se tromper et qui n'a certainement pas dit son dernier mot. Sa merveilleuse activité a eu du bon. Qu'on en juge plutôt d'après ce mot de Mgr Sonnois.

Le jour où le nouvel évêque de Saint-Dié se rendit pour la première fois à Domremy, on lui présenta deux prêtres du diocèse de Verdun auxquels il dit avec un fin sourire: Dites bien à Mgr Pagis quand vous le verrez, que je le remercie bien sincèrement de nous avoir secoués. Nous dormions et il nous a réveillés. Nous lui en sommes très reconnaissants !

*
* *

J'en arrive enfin au projet voté à l'unanimité, républicains et conservateurs compris par le conseil général des Vosges.

Comme l'a fort bien écrit notre confrère Nestor Denis dans le *Mémorial des Vosges* « le Conseil général n'a pas marchandé sa contribution financière et sa contribution morale à cette œuvre religieuse; il a pensé que l'on devait honorer en Jeanne d'Arc non seulement le zèle religieux mais aussi et par dessus tout la libératrice. »

Jeanne aura donc sa basilique et sa statue à Domremy et la foi populaire ne séparera pas l'un de l'autre.

Mais, où le difficile commence, c'est dans l'exécution de cette statue colossale aussi bien que dans l'exécution du groupe de M. Allar qui doit orner l'entrée de la basilique. L'expérience prouve qu'il est délicat de toucher à Jeanne. Elle semble, défier la plume, le pinceau et le ciseau témoins, par exemple, ces horribles statues *ornant* les places de quelques-unes de nos grandes villes. Il est difficile, en effet, de reproduire dans sa grâce héroïque et dans sa naïveté fière, la vierge de Domremy « Jehanne, la bonne Lorraine qu'Anglais brûlèrent à Rouen. »

Que le Conseil général n'hésite donc pas à confier cette statue à un sculpteur de talent ou mieux encore à la mettre au concours.

Nous nous estimerons quant à nous fort heureux si nous avons pu contribuer à faire œuvre d'apaisement. L'heure est peut-être proche où tous les Français uniront leurs efforts dans un but commun et nous avons cette espérance que Domremy sera l'endroit choisi par Dieu où viendront se sceller bien des réconciliations.

OSVALD LEROY.

JEANNE D'ARC A DOMREMY

Son enfance. — Sa piété — La misère du royaume — Les voix — Saint Michel ordonne à Jeanne d'Arc d'aller à Vaucouleurs — Premier voyage à Vaucouleurs. — Jeanne prédit qu'elle délivrera Orléans et ira faire sacrer Charles VII à Reims. — Second voyage à Vaucouleurs. — Jeanne va à Nancy et à Saint-Nicolas de Port. — Le départ pour Chinon.

Jeanne d'Arc naquit à Domremy dans la nuit du 5 au 6 janvier 1412 (nouveau style). Son père, Jacques d'Arc était né à Ceffonds en Champagne ; sa mère Isabelle Romée, à Vouthon, à quelques kilomètres de Domremy. Ses parents étaient d'honnêtes laboureurs ayant une certaine aisance ; le père était un des notables du village. La famille se composait outre Jeanne, de trois fils, Jacquemin, Jean et Pierre et d'une fille, Catherine. Jeanne était la troisième de ces enfants.

Jeanne grandit à la maison paternelle, aidant sa mère dans les soins du ménage, cousant et menant paître ses moutons. Chose curieuse, cette enfant à laquelle la Providence réservait une destinée si extraordinaire, n'apprit ni à lire, ni à écrire et plus tard, lorsqu'il lui fallut signer son nom, on dut lui conduire chaque fois la main. En son enfance, bien qu'elle eut de bonne heure l'âme sérieuse et réfléchie, elle se mêlait volontiers aux jeux de ses compagnes.

« De la maison de son pére, dit M. Marius Sepet on voyait, au sommet d'un côteau dont la pente descendait vers la rive de la Meuse, et au pied duquel était bâti le village, un épais, un sombre bois de chênes, le *Bois-Chenu* ; vers le millieu de la pente s'élevait un beau hêtre d'une vénérable antiquité , et dont les branches chargées de feuillages verdoyants, s'inclinaient vers le sol avec grâce et avec majesté. Cet arbre qu'on appelait *l'arbre aux loges* ou *l'arbre fée de Bourlémont*, avait dans toute la contrée une renommée mystérieuse. Les fées, disait-on, y venaient autrefois danser. »

Mais, pour Jeanne, les fées étaient son moindre souci. Bien souvent, elle se rendait à *l'arbre des fées* avec ses compagnes, mais elle se riait de leurs croyances naïves et de leurs terreurs superstitieuses. C'est, qu'en effet, le trait dominant du caractére de Jeanne était une piété profonde et un vif amour de Dieu. La raison, le bon sens, étaient en elle aussi solides que la foi et la piété. Jeanne était vive et gaie, non moins que sérieuse et réfléchie, car ces qualités ne s'excluent point. Très secourable aux pauvres et aux malades, elle était adorée de tous.

C'est surtout pendant les longues veillées de l'hiver, alors que l'on se rassemblait tantôt chez les uns, tantôt chez les autres, que l'âme de Jeanne commença à s'émouvoir aux récits des malheurs de la Patrie.

La France était en effet à feu et à sang; un prince faible et volage succédait à un fou et de toutes parts on maudissait l'horrible Isabeau et le terrible duc de Bourgogne. Plus d'une fois Jeanne vit les jeunes garçons de Domremy tenant pour le roi de France, se battre avec ceux de Maxey qui tenaient alors pour le duc de Bourgogne. En voyant revenir ses petits compagnons blessés et meurtris elle se figurait les combats plus sérieux qui désolaient la France entière et c'est à ce moment que prit naissance dans son cœur un amour ardent pour son roi et son pays.

La description de la misère qui régnait à cette époque est effrayante, si nous en croyons le *Journal d'un Bourgeois de Paris*. « Vous auriez entendu dit-il, dans tout Paris des lamentations pitoyables, des petits enfants qui criaient: « Je meurs de faim. » On voyait sur un fumier vingt, trente enfants, garçons et filles qui mouraient de faim et de froid. On mourait tant et si vite qu'il fallait faire dans les cimetières, de grandes fosses où on les mettait par trente et quarante, arrangés comme lard et à peine poudrés de terre. Ceux qui faisaient les fosses affirmaient qu'ils avaient enterré plus de 100,000 personnes. Des bandes de loups couraient les campagnes et entraient même la nuit dans Paris pour enlever les cadavres...Les laboureurs quittaient leurs champs et se disaient entre eux : « Fuyons au bois avec les bêtes fauves.... Adieu les femmes et les enfants... Faisons le pis que nous pourrons .. Remettons-nous en la main du diable...»

Quand, il en était ainsi à Paris et autour de Paris, que l'on juge de ce qui se passait au loin, dans les campagnes. Ces misères tenaient à bien des causes; le peuple n'en connut qu'une seule, les Anglais; toutes les souffrances qu'il avait endurées, il les attribua aux Anglais; tous les ressentiments qu'il avait accumulés, il les reporta sur les Anglais; chasser les Anglais devint sa pensée de tous les jours, et, les hommes n'y aidant pas, il compta sur Dieu. Cette opinion s'établit peu à peu d'un bout à l'autre de la France, que le royaume trahi, livré aux étrangers par une femme, par une reine, par l'indigne Isabeau de Bavière, devait être sauvé, délivré par une fille du peuple, par une vierge! Cette vierge libératrice, ce fut Jeanne d'Arc.

A l'âge de 13 ans, par un beau jour d'été, vers midi, comme elle le déclara lors de son procès, elle eut sa première vision dans le jardin de son père. Elle se sentit comme environnée d'une éblouissante lumière d'où sortit une voix lui disant : « Jeanne, sois bonne et sage enfant, va souvent à l'église.»

A quelques jours de distance, la même voix se fit entendre et elle déclara plus tard que c'était celle de Saint-Michel, l'archange des jugements et des batailles très populaire en France à cette époque de la guerre contre les Anglais. Celui-ci, disait-elle, lui apparaissait entouré d'une légion d'anges et lui ordonnait de se préparer à aller secourir le roi de France. « Jeanne, va au secours du roi de France, et tu lui rendras son royaume.»

Pendant trois années, de 1425 à 1428, Saint-Michel, Sainte-Catherine et Sainte-Marguerite se montrèrent à elle périodiquement, relevant son courage parfois abattu et lui laissant entrevoir qu'un jour il lui faudrait abandonner son village, ses parents, sa vie calme et heureuse pour aborder la mission divine qui lui était réservée.

Pendant ce temps, les malheurs de la Patrie allaient grandissant, les Anglais étaient maîtres partout et tournaient en dérision ce pauvre roi de Bourges.

Un beau jour, en 1427, Jeanne dut fuir à Neufchâteau avec tous les siens et les gens du village, devant les Bourguignons. A son retour, en voyant les ruines accumulées de toutes parts et ses *voix* devenant plus pressantes, elle se détermina à écouter Saint-Michel qui l'entretînt de la « grande pitié qui estait faite au royaulme de France » et lui ordonna d'aller trouver le capitaine Robert de Baudricourt, commandant la place de Vaucouleurs.

Avec une énergie surhumaine elle cacha à tous, surtout à ses parents et à son confesseur le projet qu'elle avait résolu de mettre à exécution, mais, sa piété devenant de plus en plus ardente et les paroles inspirées qu'elle laissait échapper de temps à autre avaient donné l'éveil à son père. Celui-ci déclara à plusieurs reprises qu'il aimerait mieux la voir noyée que de la sentir au milieu des soldats. Aussi, essaya-t-il de tous les stratagèmes pour la décider à rester au milieu de sa famille. C'est ainsi qu'un jeune homme, de concert avec ses parents, la cita devant l'official de Toul, prétendant qu'elle lui avait promis le mariage. Jeanne démontra la fausseté de cette allégation et gagna son procès.

Ses parents la surveillèrent alors de plus en plus ; mais elle réussit à gagner à sa cause son oncle Durand Laxart. un brave cultivateur habitant Burey-le-Petit. Cet honnête homme, remué par l'accent de sincérité qui régnait en la jeune fille par ses paroles enflammées et pleines de foi.

consentit à la conduire au sire de Baudricourt.

— Quel est ton seigneur, lui dit ce grossier homme de guerre.

— Le roi du ciel.

— Que veux tu ?

— Une escorte pour me conduire auprès du roi de France que je mènerai à Reims où il sera sacré.

Baudricourt ne fit que rire des paroles de la jeune fille. Il dit à Durand Laxart que sa nièce était folle et lui ordonna de la ramener à sa famille après l'avoir bien souffletée.

C'était là le premier des affronts que devait subir la sainte jeune fille, mais elle ne se rebuta pas et reprit auprès de ses parents ses occupations habituelles, attendant que ses *voix* lui ordonnassent de nouveau de se remettre en route.

Nous sommes alors en 1429. Le siège d'Orléans était commencé depuis deux mois et les *voix* de Jeanne l'excitaient de plus en plus à aller délivrer cette ville.

Or, la veille de la Saint Jean, le 26 décembre 1428, Jeanne avait déclaré à un de ses amis d'enfance qu'elle délivrerait Orléans et irait faire sacrer le roi de France à Reims.

A un autre habitant de Domremy, Gérardin, d'Epinal, le seul qui tenait pour les Bourguignons, elle dit malicieusement : « Compère, si vous n'étiez pas Bourguignon, je vous dirais quelque-chose. »

Ce fut encore à son oncle Durand Laxart que Jeanne se confia pour la conduire derechef à Baudricourt. Celui-ci persuada à Jacques d'Arc qu'il avait besoin de sa nièce à Burey pour soigner sa femme en couches. Avant de quitter pour jamais ce pauvre village où s'était écoulé son enfance et où elle sentait déjà qu'elle ne devait plus revenir, Jeanne versa bien des larmes, mais, surmontant son chagrin, elle se mit bravement en route pour Vaucouleurs.

Laxart logea sa nièce chez Henri le Royer, un charron dont la femme l'accueillit avec bonté. Baudricourt, cependant, s'obstinait dans son refus et continuait à se montrer très grossier à l'égard de Jeanne.

Il vint pourtant la voir un jour, accompagné du curé de Vaucouleurs, messire Jean Fournier qui, s'étant revêtu de l'étole, « se mit à exorciser la pauvre Jeanne : la sommant, s'il y avait dans son fait quelque maléfice, de vider la place et de s'en aller plus loin : sinon de venir au contraire, tout près de lui.. » A peine avait-il prononcé cette adjuration que la Pucelle se jeta à ses genoux » lui faisant remarquer qu'il avait grand tort de la considérer comme possédée du démon, l'ayant entendue peu de jours auparavant en confession.

Cependant, un secours imprévu arriva à la Pucelle. Un chevalier, Jean de Novellepont, surnommé Jean de Metz, attiré par le bruit qui se faisait autour de cette jeune fille vint la voir. Lui et un écuyer Bertrand de Poulengy, charmés par cette grâce incomparable, par cette foi surhumaine, jurèrent de se dévouer pour la conduire au Dauphin. Malheureusement, Baudricourt qui était tout puissant et dont on ne pouvait enfreindre les ordres se montrait toujours aussi intraitable. C'est sur ces entrefaites que Jeanne s'en vint à Nancy, à la demande et avec un sauf-conduit du duc de Lorraine. Jeanne espérait de Charles II un puissant appui pour se rendre auprès du roi de France. Ici, nous laissons la parole à la *Chronique de Lorraine.*

« Le duc luy donna harnois et un cheval, et la fit
« amener : elle estoit légère ; on amena le cheval
« et des meilleurs, tout sellé, bridé ; En présence
« de tous, sans mettre pied en l'estrier, dedans
« la selle se rua ; On luy donna une lance, elle
« vient en la place du Chasteau (1), elle la courut.
« Jamais homme d'armes mieux ne la courut.
« toute la noblesse esbahy estoit ; On en fit le
« rapport au duc ; bien cogneut qu'elle avoit vertu.
« Le duc dit à messire Robert : Or, l'enmenay,
« Dieu luy veuille adcomplir ses désirs. »

De Nancy, Jeanne se rendit en pélerinage à Saint-Nicolas de Port. Elle était accompagnée de son oncle et d'un bourgeois de Vaucouleurs,

(1) Place des Dames actuelle.

Jacques Alain.

A son retour, le jour même où fut livrée la bataille connue sous le nom de *Journée des Harengs*, elle vint trouver le sire de Baudricourt et lui dit : — « En nom Dieu, vous tardez trop à m'envoyer, car aujourd'hui le gentil Dauphin a eu, assez près d'Orléans, un bien grand dommage, et encore l'aura-t-il plus grand, si vous ne m'envoyez bientôt vers lui. Je veux aller parler au Dauphin, et pour arriver jusqu'à lui, j'userai mes jambes jusqu'aux genoux. »

La douceur de Jeanne, ses vertus, sa foi vive, son patriotisme plein de feu lui attiraient chaque jour de nouveaux admirateurs. Le peuple dont l'âme a toujours été remuée par tout ce qui est grand et généreux, commençait à murmurer contre l'entêtement de Baudricourt et se cotisa pour armer et équiper la jeune fille.

Ayant ainsi la main forcée, Baudricourt se décida enfin à consentir au départ et fournit même à la Pucelle une épée de combat. — Adieu, lui dit-il, allez et advienne que pourra. On était alors au 23 février 1429, Jeanne avait 17 ans et quelques mois.

La petite troupe qui escortait la Pucelle se composait de Jean de Metz et de Bertrand de Poulengy avec leurs serviteurs, Jean de Houécourt et Julien ; de Colet de Vienne, messager du roi et d'un archer nommé Richard.

Nous ne suivrons pas l'héroïne dans son voyage de Vaucouleurs à Chinon, non plus que dans le restant de sa magnifique épopée. Contentons-nous de reproduire succinctement les différentes grandes phases de sa vie si courte et si glorieuse.

DATES CÉLÈBRES
de l'histoire de Jeanne

1412. — 6 janvier. Naissance de Jeanne d'Arc.

1425. — 26 juin. Elle entend les *voix* pour la première fois.

1427. — 2 octobre. La famille de Jeanne se réfugie à Neufchâteau pour fuir l'ennemi.

1428. — 12 mai. Jeanne se rend pour la première fois à Vaucouleurs.

1429. — 23 février. Départ de Vaucouleurs pour Chinon.

1429 — 6 mars. Arrivée à Chinon.

— — 10 mars. Jeanne est présentée au roi.

— — 15 mars. Jeanne est conduite à Poitiers où elle est interrogée par des théologiens et des magistrats.

1429. — 15 avril. Retour à Chinon.

— — 29 avril. Elle entre dans Orléans.

— — 8 mai. Délivrance d'Orléans.

1429. – 18 juin. Victoire de Patay.

— — 28 juin. Jeanne et l'armée se rassemblent à Gien pour se rendre à Reims.

1429. — 9 juillet. Prise de Troyes.

— — 17 juillet. Sacre de Charles VII à Reims.

— 23 juillet. Prise de Soissons.

— — 31 juillet. A la requête de Jeanne, Charles VII, par lettres patentes datées de Château-Thierry, exempte à perpétuité les villages de Greux et de Domremy de tous impôts. Ce privilége confirmé depuis par Louis XIII, Louis XIV et Louis XV subsista jusqu'en 1791.

1429 — 10 août. Prise de La Ferté Milon.

— — 8 septembre. Jeanne est blessée à l'assaut de la porte St-Honoré à Paris.

— — 10 octobre. Prise de St-Pierre le Moustier.

1429. — 11 décembre. Charles VII *anoblit Jeanne* et tous ses descendants qui prennent le nom de *du Lis.*

1430. — 15 avril. A Melun, Jeanne entend les voix lui annonçant sa captivité.

1430. — 24 mai. Jeanne est faite prisonnière au siège de Compiègne. Elle tombe entre les mains d'un capitaine Jean de Ligny, dit de Luxembourg, qui la livre pour 10,000 francs d'or à son suzerain Philippe le Bon, duc de Bourgogne.

1430. — 21 novembre. Jeanne est conduite à Arras, au donjon de Crotoy. Le duc de Bourgogne la remet ensuite aux Anglais qui la conduisent à Rouen, leur grand arsenal.

1431. — 21 février. Elle comparaît pour la première fois devant le tribunal présidé par Pierre Cauchon, évêque de Beauvais.

1431. — 30 mai. Jeanne est brûlée vive à Rouen.

1455. — 29 juillet. Sur la demande de Charles VII le pape Calixte III, après un long procès de révision, réhabilite la mémoire de Jeanne d'Arc.

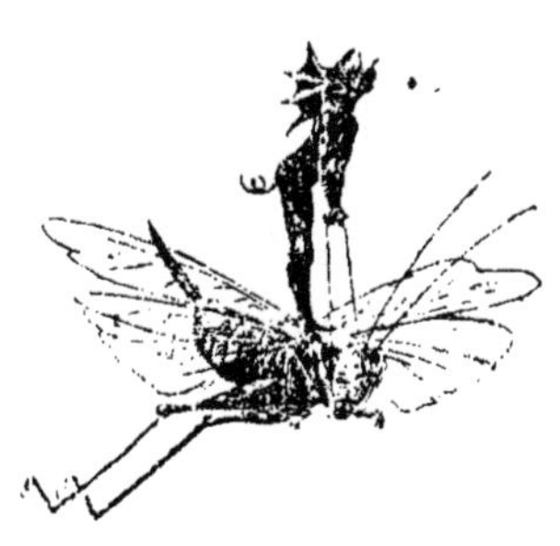

LA MAISON DE JEANNE D'ARC A DOMREMY

Nous décrivons cette maison avec les détails que nous fournissent la tradition des habitants du pays et la description minutieuse du guide officiel édité par le conseil général des Vosges et rédigé par M. Salvador du Fesq, sous-préfet de Saint-Dié. Mais nous pourrions faire quelques réserves au sujet de diverses attributions de locaux ou objets mobiliers présentés comme étant de l'époque même de Jeanne.

La maison est une construction assez basse, de l'apparence la plus modeste et comprenant trois pièces, un cellier et un grenier. En 1819, dit M. H. Wallon, elle était la propriété de Nicolas Gérardin qui, tout en la respectant religieusement dans son ensemble, l'avait convertie en celliers et en étables. A cette époque, au lieu d'être en vue, comme elle l'est aujourd'hui, elle était masquée par d'autres chaumières, notamment par celle de Gérardin dont elle formait un corps de logis séparé par une cour. Dans une intention louable et pour indiquer aux étrangers que la demeure de Jeanne d'Arc se trouvait là, Gérardin avait enlevé les sculptures de la maison de l'héroïne et les avait transportées au-dessus de la porte de son habitation.

Nicolas Gérardin était un ancien dragon auquel un comte prussien offrit pendant l'invasion la somme de 6.000 francs pour devenir propriétaire de la maison de Jeanne d'Arc. Un anglais renchérit même sur cette somme; mais le vieux soldat, en patriote qu'il était, refusa de vendre cette maison aux ennemis de la France. Grâce à lui, nous n'avons pas la honte de voir aujourd'hui le berceau de l'héroïne entre les mains des étrangers qui ne s'en seraient certes jamais dessaisis.

En présence de ces tentatives, infructueuses il est vrai, mais qui auraient pu tenter tout autre que Gérardin, le département des Vosges, lui proposa d'acheter sa maison pour la modique somme de 2,500 francs, à la seule condition d'être jusqu'à sa mort gardien de son ancienne propriété. Heureux de voir sa maison ainsi honorée, le vieux soldat accepta. On lui donna de plus une place de garde forestier, la ville d'Orléans lui décerna une médaille d'or et Louis XVIII le nomma chevalier de la légion d'honneur.

Sur la fin de 1819, le département fit démolir

la maison d'habitation de Gérardin ainsi que deux autres chaumières masquant la maison de l'héroïne.

On restitua du même coup, au-dessus de la porte d'entrée, le curieux ouvrage artistique que nous décrivons plus loin et qui avait été transporté par Gérardin en avant de sa maison neuve.

En 1823, on construisit deux pavillons reliés par une grille servant, l'un d'école de filles et l'autre de musée. En même temps, on construisit adossée à la maison, une forte muraille destinée à la consolider.

Avant de décrire cette maison, disons encore qu'après la mort du père de la Pucelle, cette demeure continua, dit on, à être habitée par sa veuve jusqu'en 1438, époque à laquelle elle se retira à Orléans entourée des respects et des hommages des Orléanais reconnaissants.

Dès lors les habitants de la maison furent les suivants: Jean du Lys, prévôt de Vaucouleurs, deuxième frère de l'héroïne; Claude du Lys, procureur fiscal des villages de Domremy et de Greux pour le comte de Salm; Etienne ou Thouvenin du Lys; Claude du Lys, curé de Domremy et de Greux; et enfin Didier du Lys, tous neveux et petits neveux de Jeanne d'Arc.

Du moins, ces noms sont-ils fournis par la tradition locale. Mais on sait par un titre de 1586 qu'à cette date Louise de Stainville, comtesse de

Maison de Jeanne d'Arc à Domremy

Salm, acheta « la maison de la Pucelle » de Thomassin Freminet receveur de Ruppes et de Jacqueline de l'Epine, sa femme, qui la tenaient de leur oncle Thomassin Guérin, ancien maire de Gerbonvaulx et receveur de Ruppes.

Ce sont ces derniers, sans doute, qui firent à Montaigne les honneurs de leur maison lors du voyage que fit à Domremy en 1580, l'auteur des *Essais*. Montaigne nous a conservé dans son *Journal de Voyage*, le souvenir de cette visite aux descendants de Jeanne. « Ils nous montrèrent, dit-il, les armoiries que le roi leur a données» et, décrivant sommairement la maison de la Pucelle, il ajoute: « La maisonnette où elle naquit est toute peinte de ses gestes, mais l'âge en a fort corrompu la peinture. »

Jusqu'à la Restauration on ignore à peu près le nom des habitants qui ont succédé aux précédents, sauf la famille de Salm, et enfin Nicolas Gérardin, vers 1818.

A cette époque, la maison fut classée au nombre des monuments historiques.

La façade est percée d'ouvertures dans le style du XVe siècle; la fenêtre du premier étage pourrait être du XVIe siècle.

La porte d'entrée est ornée et surmontée d'un fronton décoré de sculptures. Dans un encadrement ogival en accolade trilobée se détachent trois écussons. Celui du milieu plus élevé que les autres est aux armes de France et accompagné de cette devise :

« **VIVE LE ROY LOYS** »

Nous engageons vivement tous les curieux qui se rendent à Domremy à examiner de très près cette inscription. Pour nous, nous lisons:

.Vive. le. Roy. — Ians.

Ians serait-il un diminutif de Iannes? Serait-ce le nom de Jeanne qui suivrait cette phrase : Vive le Roy ! Nous ne pouvons le dire. Toujours est-il que dans le dernier mot, nous avons grand peine à lire: Luis, Louis ou Loys comme beaucoup l'ont écrit.

Pour se rendre bien compte de cette légende, l'on n'a qu'à considérer à la loupe une bonne photographie de cette inscription et personne n'y lira le mot Louis écrit de l'une ou de l'autre façon que nous venons de dire.

M. Gaston Save auquel nous exprimions notre façon de voir, a bien voulu mettre à notre disposition sa magnifique collection de documents illustrés sur Jeanne d'Arc. Nous y avons d'abord trouvé :

1° Une gravure sur cuivre du siècle dernier où se trouve inscrit :

Vive le Roi lois

2° Une gravure sur bois du *Magasin pittoresque* remontant vers l'année 1834 (vol, II p. 44) et où on lit:

Vive le Roi Loys

3° Enfin une lithographie de Villain, faite d'après un dessin de Laurent (conservateur du musée d'Epinal vers 1830 où nous lisons cette fois:

Vive. le. Roy. louis.

Le mot Louis est donc écrit d'une façon différente dans chacune de ces trois gravures remontant à des époques distinctes.

Il est à remarquer en outre que dans aucune d'elles, l'écusson de France ne touche la légende inférieure et en est même assez éloigné, tandis que dans l'état actuel, il empiète assez loin sur le filet.

Les fleurs de lis des écussons actuels ont la forme trapue de la fin du XVIIIe siècle, tandis qu'à l'origine, elles devaient être beaucoup plus maigres, telles qu'elles figurent sur l'écusson de notre couverture.

De ce que nous venons de dire, il résulte que toute cette sculpture a été restaurée et mal restaurée à une époque relativement moderne.

L'écusson de gauche porte trois socs de charrue posés deux et un, à une molette d'éperon posée au point d'honneur. Ce sont les armes des Thiesselin auxquels les du Lys s'allièrent de bonne heure.

L'écusson de droite porte les armes données en décembre 1429 par Charles VII à la famille de Jeanne d'Arc: « deux lys d'or en champ d'azur, cotoyant une épée nue d'argent à la garde dorée, placée en pal, et dont la pointe soutient une couronne. »

Au-dessus de l'ogive, figure une gerbe debout surmontée d'une fleur et accostée de branches de vignes portant des grappes ; à droite une petite faucille peu visible.

Au-dessous la célèbre devise :

VIVE LABEUR !

Et la date 1481, mélangée de chiffres romains et de gothique cursive, ainsi composée

C XX
Mil . IIII . IIII . I .

Toute cette décoration a été attribuée à Claude du Lys, petit-neveu de Jeanne d'Arc, parce que c'est lui qui paraît avoir habité la maison en 1481.

La statue de Jeanne encastrée au-dessus de la porte d'entrée est un moulage en fonte exécuté d'après l'original en pierre qui occupait autrefois cette place.

La niche dans laquelle elle se trouve, surmontée d'un dais gothique, a été creusée, il y a 60 ans au plus. Précédemment, la statue était simplement encastrée dans le mortier et exposée aux intempéries.

Cette statue en fonte, coulée à Tusey vers 1820, est absolument semblable, sauf quelques restaurations, à celle en pierre qui se trouve dans la petite chambre de la maison, et dont nous allons parler au chapitre suivant.

La Chambre de famille

On sait comment sont distribuées les chambres d'une maison dans les villages de la plaine. On entre de plain pied dans une grande pièce servant à la fois de chambre à coucher au maître de la maison, de cuisine, de salle à manger, et de salle de réception pour les étrangers. C'est la pièce par excellence, c'est en un mot la *salle* telle qu'on la nomme encore dans bien des localités. C'est dans cette pièce, dit-on. que Jeanne vint au monde le 6 janvier 1412. A gauche en entrant et près de la fenêtre, se trouve encore un gros morceau de bois tout vermoulu fixé dans le mur et auquel Jeanne suspendait sa lampe pour travailler pendant les longues soirées d'hiver. Elle avait, du reste, l'habitude de se livrer aux travaux d'aiguille à cette même place, tout près de la fenètre. Un treillage en fils de fer préserve cette poutre des atteintes des collectionneurs fanatiques.

La plaque en fonte de la cheminée est aux armes de Lorraine et de France.

Nous trouvons dans cette pièce la statue en pierre dont nous avons déjà parlé au chapitre précédent.

La tradition rapporte que cette statue fut placée pendant plusieurs siècles dans la chapelle de No-

Fronton du portail de la maison de Jeanne d'Arc

tre Dame de Domremy, aux pieds d'une image, en bois polychromé de la Vierge ; qu'elle était polychromée elle-même, comme le prouvent les restes de couleurs vives et de dorures subsistant encore sous le badigeon gris et que jamais, si ce n'est en ce siècle, elle n'a été exposée à l'extérieur, ce qui explique son état de conservation relative. Charles du Lys fait remonter cette statue à 1456. Pour notre compte, nous pencherions à la croire plus moderne d'après la forme des cuissards, du baudrier et surtout de la fraise tuyautée qui sont du XVIe siècle.

Quoiqu'il en soit, et nous ne demandons pas mieux que de nous tromper, la tradition rapporte que cette statue aurait été sculptée peu de temps après la mort de Jeanne d'Arc par un artiste lorrain qui avait pris pour modèle une jeune parente de l'héroïne, à qui une saisissante ressemblance de traits avait mérité le nom de « Petite Jeanne » Si cela est, ce serait le portrait le plus ressemblant qui existe de Jeanne.

Une autre statue en pied de la Pucelle se dresse sur un piédestal de marbre noir. C'est une réduction en bronze de la statue de la princesse Marie d'Orléans, donnée par le roi Louis Philippe, son père et inaugurée le 9 mai 1843 à l'intérieur de la maison de Jeanne d'Arc.

Une sculpture, exhumée des ruines de la Chapelle de Notre-Dame, sous le bois Chenu est dépo-

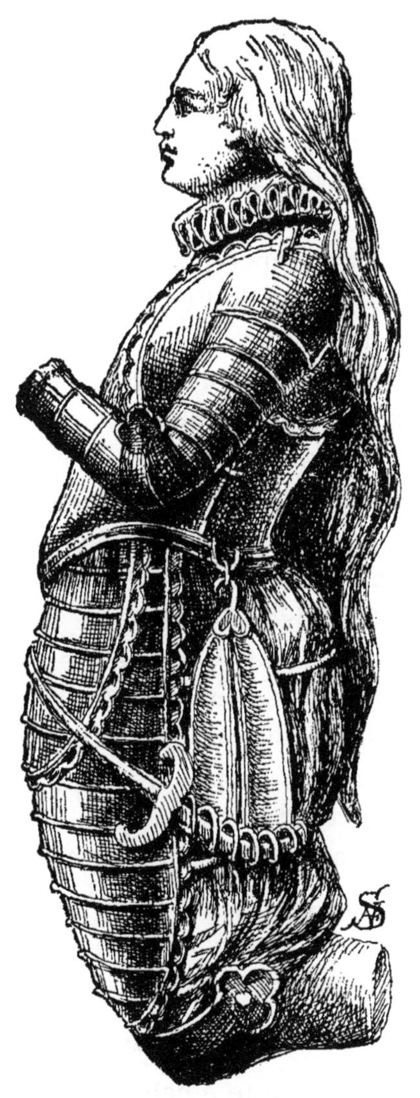

Ancienne statue de Jeanne d'Arc
au-dessus de la porte de sa maison

sée en face de la cheminée, dans un enfoncement du mur, occupé jadis par une armoire. Ce fragment consiste en une clef de voûte armoriée au blason des du Lys.

Sur une table, à droite de la cheminée, se trouve un fronton renaissance portant le nom d'Etienne Hordal, grand doyen de l'Eglise de Toul et arrière-petit-neveu de Jeanne d'Arc.

Aux murs sont fixées des plaques commémoratives et des inscriptions diverses.

Sur l'une d'elles, on lit : « L'an 1411 naquit en ce lieu Jeanne d'Arc surnommée la Pucelle d'Orléans, fille de Jacques d'Arc et d'Isabelle Romey. Pour honorer sa mémoire, le Conseil général des Vosges a acquis cette maison. Le roi en a ordonné la restauration, y a fondé une école d'instruction gratuite en faveur des jeunes filles de Domremy et de Greux, et a voulu qu'une fontaine, ornée du buste de l'héroïne, perpétuât son image et l'expression de la reconnaissance publique. Ces ouvrages ont été achevés le 18 août 1820. »

Dans la même pièce, est placé un registre sur lequel chaque visiteur peut apposer son nom et consigner ses impressions.

Chambre de Jeanne d'Arc

La pièce faisant suite à celle-ci est la chambre de Jeanne. A la gauche d'une petite fenêtre éclairant faiblement ce sombre réduit, se trouve un placard entouré d'un treillage en fils de fer dans lequel la jeune paysanne serrait son linge.

A droite de la fenêtre se trouvait le four aujourd'hui supprimé.

A gauche, une porte conduit à l'ancien cellier de la famille. Il sert encore aujourd'hui de cave au gardien de la maison. Ce cellier est éclairé par un soupirail donnant sur le jardin.

La poutre principale de la chambre de Jeanne a été tailladée à coups de sabres par les Alliés en 1815.

Chambre des Frères de Jeanne

Cette pièce communiquait autrefois avec la cuisine par une porte aujourd'hui murée. On y pénètre actuellement par le jardin. Cette chambre ne renferme qu'une cheminée, une armoire dans le mur et l'escalier conduisant au grenier.

Le Grenier

Celui-ci a été occupé dans la première moitié du XVIe siècle par Claude du Lys, parent de Jeanne et curé de Greux-Domremy. On y voit encore une grande fenêtre et une armoire creusée dans la muraille.

Le Jardin

C'est dans le jardin situé derrière la maison que Jeanne eut sa première vision.

« Interrogée sur les voix qu'elle entendit à l'âge

de 13 ans, elle répondit que la première fois elle eut une grande frayeur. Et cette voix venait vers l'heure de midi, en été, dans le jardin de son père, Elle entendit la voix à sa droite vers l'église. » Procès de condamnation de Jeanne d'Arc par J. Quicherat, tome 1. pages 51 et 52).

Ce jardin dans lequel se trouve un charme de toute beauté est traversé par le ruisseau des Trois-Fontaines.

Musée et Bibliothèque

Les deux pavillons situés à droite et à gauche de la grille d'entrée de la maison de Jeanne d'Arc furent élevés en 1819 et 1820, à la suite d'une dotation de Louis XVIII. Le bâtiment à droite en entrant sert de musée, celui de gauche, d'école de jeunes filles.

Le musée comprend deux pièces renfermant un nombre assez considérable de gravures, croquis, tableaux, albums, statuettes, tous relatifs à la Pucelle. Parmi les objets les plus remarquables, citons les suivants :

Une petite panoplie d'armes semblables à celles que portait l'héroïne.

Un étendard brodé par les dames d'Orléans, sur le modèle de celui de Jeanne et offert par cette ville en 1863 ; un autre étendard brodé en 1875 par les dames de Neufchâteau et portant les armoiries des cinq chefs-lieux de canton de l'arrondissement.

Divers tableaux et tapisseries : *Jeanne d'Arc dans la crypte de Vaucouleurs*, échangeant la quenouille contre l'épée, au pied de l'autel de Saint-Michel, peint par Mlle Laurent d'Epinal ; — *jeanne devant Robert de Baudricourt et messire jean Fournier, curé de Vaucouleurs ;* — *Entrée de jeanne à Reims*, tapisserie donnée par M. le duc de Montpensier ; — *jeanne descendue de cheval et pansant un soldat ennemi, sur le champ de bataille de Patay;* — *jeanne au combat* tenant d'une main son épée, de l'autre sa bannière, excite l'ardeur de ses guerriers ; — *jeanne enchaînée sur son lit dans la prison*, est menacée par Pierre Cauchon, son juge ; — *le Martyre de jeanne*, liée et mourante sur le bûcher fatal.

Le village de Domremy

Domremy dont il est déjà fait mention en 1070 est un petit village de 263 habitants à 11 kilomètres de Neufchâteau et à 16 de Vaucouleurs.

Le voyageur qui descend à la station de Maxey, traverse avant d'arriver à Domremy le village de Greux situé à quelques cent mètres de Domremy. « Domremy, disait l'héroïne, à ses juges, ne fait qu'un avec le village de Greux ; c'est à Greux qu'est la principale église. »

Avant la naissance de Jeanne, le village s'appelait Domremy-sur-Meuse pour le distinguer de Domremy-la-Canne et de Domremy-aux-Bois situés plus au Nord. Depuis, on y a ajouté celui de la Pucelle (puella, jeune fille).

Plusieurs joutes littéraires se sont livrées pour savoir si Domremy était sur le territoire Champenois et par conséquent français ou s'il était du Barrois et par conséquent lorrain; pour savoir aussi sur lequel de ces deux territoires se trouvait la maison de Jacques d'Arc.

De tous les flots d'encre versés il résulte ceci, c'est que, quand bien même Jeanne serait née dans le Barrois mouvant elle n'en était pas moins sujette du roi de France. Qu'importent, du reste toutes ces discussions auxquelles le gros public reste insensible !

Allez demander aujourd'hui aux gens de Domremy, de Greux et de Maxey s'ils sont Bourguignons ou Armagnacs ; ils vous répondront tout bonnement qu'ils sont les compatriotes de Jeanne et par conséquent Français.

Le village est loin d'être riche : à part quelques familles à l'aise et répandant le bien autour d'elles, les habitants sont pauvres.

En 1847, Domremy comptait encore 319 habitants ; en 1867, il en comptait 311, chiffre qui est descendu aujourd'hui à 263.

Une diminution aussi forte, dans un si court intervalle fait craindre pour l'avenir de cette localité si intéressante.

La Fontaine monumentale

Ce monument, don de Louis XVIII, élevé au centre de la petite place entourée d'arbres qui fait face à la demeure historique, fut inauguré le 10 septembre 1820 au milieu d'un concours énorme de la population. La ville d'Orléans envoya une députation et plusieurs discours furent prononcés entre autres un éloge de Jeanne d'Arc par M. de Haldat. Le soir, il y eut illuminations et feu d'artifices.

Le monument, conforme au goût de l'époque, est loin de susciter aujourd'hui l'enthousiasme.

Sur une base quadrilatère s'élèvent quatre prismes quadrangulaires supportant une couverture à deux pans avec frontons où sont inscrits les noms de l'héroïne. Sous cet abri est placé sur un cippe le buste en marbre blanc de Jeanne d'Arc, œuvre de Legendre-Héral, professeur de sculpture à l'école des Beaux-Arts de Lyon. La Pucelle est représentée avec les longs cheveux flottants et coiffée de la toque à plumes que l'on retrouve sur le portrait qui passait à cette époque pour le plus authentique.

Ce portrait daté de 1581 existe encore au musée d'Orléans.

Au centre du massif de maçonnerie on plaça une boite en plomb renfermant plusieurs ouvrages historiques relatifs à Jeanne, les principales médailles frappées en son honneur, quelques pièces de monnaie au millésime de l'époque ainsi que le procès verbal de la pose de la première pierre date du 25 juin 1820.

L'EGLISE

M. l'abbé Bourgaut, curé de Domremy, chanoine honoraire d'Orléans, a publié en 1878 une petite brochure intitulée « guide et souvenirs du pélerin à Domremy » dont nous recommandons la lecture a tous les visiteurs.

Cette brochure que nous allons succinctement résumer fait de l'Eglise une description fort intéressante et très complète.

C'est sur les dalles de ce vieux monument que Jeanne vint si souvent se prosterner ; ce sont bien ces piliers qui ont entendu les échos de sa voix et qui, peut-être, aussi, ont été les secrets témoins de quelque vision mystérieuse. Un artiste lorrain, M. Paul a exprimé cette idée en adossant à la façade de l'église une statue en fonte de la Pucelle, en habits rustiques, un genou en terre, le regard et un bras levés vers le ciel. L'inauguration en fut faite en 1860.

La grande voûte, les piliers, quelques pierres de deux contre-forts, la tour et les chapelles qui s'y appuient sont seuls contemporains de la Pucelle ; tout le reste a été relevé ou dèplacé en 1824.

A droite, en entrant, se trouve un bénitier cylindrique dans lequel la jeune vierge de Domremy a maintes fois plongé les doigts pour se signer.

Le millésime 1585 est gravé sur la clef d'une voûte de la seconde travée.

La troisième travée renferme l'autel de la Vierge et son bras de transept une pierre funéraire encastrée dans la muraille. Sur les bords de cette tombe verticale, autour de deux portraits en costumes identiques simplement gravés au ciseau, on lit l'inscription suivante en caractères gothiques :

« Ci-gist Jacob Thiesselin qui trépassa l'an mil quatre cent quatre-vingt trois le quinseime jour de novembre et Didier Thiesselin son freire qui trépassa l'an mil quatre cent ...... »

Deux lignes restent encore pour achever la date qui n'a pas été remplie lorsque le dernier survivant des deux frères a été enfermé dans la tombe. Ces deux personnages semblent avoir été les fils de Jeannette Thiesselin, l'une des marraines de Jeanne d'Arc. Ils sont représentés couchés sous une arcature ogivale du XVe siècle. L'exécution de la gravure sur pierre est peu soignée et le dessin de la composition assez faible. Les armes des Thiesselin qui ornent les deux côtés du sommet de l'ogive sont les mêmes que celles figurant à gauche sur le portail de la maison de la Pucelle.

Le bras méridional du transept renferme les fonts baptismaux.

Sur cette même pierre des fonts sacrés, la Vierge de Domremy tint, dit-on, l'enfant de Gerardin d'Epinal.

Sa plus grande dévotion était pour l'autel Notre-Dame qui occupait autrefois la travée orientale du collatéral sud. Elle est éclairée par une fenêtre ogivale, géminée et ornée de sculptures dont il reste un débris de corniche sous ladite fenêtre. La piscine gothique ouverte dans le mur du fond indique l'emplacement de l'autel.

Après la mort de Jeanne, les membres de sa famille adoptèrent pour leur sépulture et décorèrent de divers ornements cette chapelle qui leur était chère à tant de titres. Le chiffre de 1698, inscrit à la clef de voûte, indique une restauration faite à cette époque. Pendant la période révolutionnaire cette chapelle a éprouvé tant de dégradations qu'on ne l'eut plus reconnue sans quelques inscriptions tumulaires disparues depuis.

Dans le chœur autrefois contigü à cette travée, directement sous la tour, s'élevait le maitre-autel. C'est là, à l'entrée actuelle de l'église que la pieuse bergère vint s'agenouiller le plus souvent.

Une statue en pierre de Sainte-Marguerite est adossée à un pilier. Toute mutilée, celle-ci est contemporaine de Jeanne d'Arc.

En résumé, cet antique monument qui contient encore tant de témoins de la piété de l'héroïne laisse une impression de profonde vénération dans l'esprit de tous les visiteurs.

Notre-Dame de Bermont

Ce pélerinage se compose d'une chapelle et d'une habitation construites sur une petite éminence entre Greux et Goussaincourt. De cet endroit situé à 3 kilomètres de Domremy, on découvre l'orme et la chapelle de Notre-Dame de Beauregard et les ruines de l'ancienne collégiale de Brixey établie en 1261 et ruinée par la Révolution.

Jeanne d'Arc se rendait tous les samedis à cette chapelle pour prier devant l'antique statue de la Vierge qui s'y trouve encore aujourd'hui.

Cette chapelle, restaurée en 1834 par M. Saincère, de Vaucouleurs qui y est enterré, possède quelques antiquités fort curieuses à visiter.

Le Bois-Chenu

Ce bois situé au-dessus de la colline à laquelle se trouve adossé Domremy prend son nom des chênes grands et forts qui y croissaient du temps de Jeanne. Le bois a été brûlé depuis cette époque; aussi, l'appelle-t-on « le Bois-Brûlé ».

Il est situé à 1,100 mètres du village. C'est sur la lisière de ce bois que s' étend le *Vignoble de la Pucelle* tout près duquel elle menait paître ses bêtes et où elle entendit les révélations célestes à diverses reprises.

Les Fontaines et l'Arbre des Fées

A trois cents mètres du village se trouve la fontaine des *Groseillers* autour de laquelle les paysans allaient autrefois se divertir les jours de grandes fêtes.

Un kilomètre plus loin se trouve la fontaine de la *Pucelle* où les fiévreux venaient boire pour rétablir leur santé. De là, ils allaient se reposer à l'*Arbre des Fées* qui en était tout proche et que l'on appelait aussi l'*Arbre aux Loges*, l'*Arbre des Dames*, et le *Beau May*.

La *Fontaine de la Pucelle* existe toujours mais le vieux hêtre qui était encore debout au XVIIe siècle serait tombé, dit-on, sous la hache des bandes suédoises.

Cet arbre était le rendez-vous de la population aux premiers beaux jours de l'année et les jours de fête. Les Seigneurs de Bourlémont y donnaient à différentes époques de l'année des repas champêtres à la population et y convoquaient la jeunesse.

L'Ermitage Sainte-Marie
ou le Pierrier de la Pucelle

A l'endroit même où se dresse aujourd'hui la Basilique, on voyait encore du temps de Jeanne d'Arc les ruines d'une pauvre chapelle connue sous le nom d'Ermitage ou de chapelle Sainte-Marie. C'est là que la pieuse jeune fille se rendait fréquemment, surtout certains jours de fête pendant que ses compagnes dansaient et folâtraient autour de la fontaine et de l'Arbre des Fées.

En mémoire de Jeanne d'Arc, deux de ses arrière-petits-neveux, Claude du Lys, curé de Greux et de Domremy en 1540 et Etienne Hordal, grand doyen de la Cathédrale de Toul de 1569 à 1612, avaient convenablement restauré la chapelle.

Malheureusement, les Suédois ne tardèrent pas à passer et les grossiers soudards qui n'avaient pas respecté l'Arbre des Fées détruisirent de même l'ermitage Sainte-Marie.

En 1869, quand Mgr Dupanloup, évêque d'Orléans, vint visiter le berceau de Jeanne d'Arc, il remit au curé de Domremy une somme d'argent pour fouiller les ruines de ce sanctuaire recouvert par les pierres et que l'on appelait pour ce motif le *Pierrier de la Pucelle.* C'est ainsi qu'on mit à jour deux débris fort intéressants: d'abord un fronton coupé de style renaissance où est est gravé le nom d'Etienne Hordal et une clef de voûte avec intersection de nervures portant dans un écu arrondi les armoiries des du Lys.

Ces restes du monument sont déposés aujourd'hui à la maison de Jeanne d'Arc (première chambre en entrant).

LA BASILIQUE

La basilique est élevée sur le flanc du coteau que couronne le Bois-Chenu; la pente du terrain a déterminé les positions du monument. Un haut soubassement rachète cette pente du terrain et forme crypte intérieure où plusieurs autels seront installés et permettront la célébration du culte en attendant l'achèvement de l'édifice supérieur.

Celui-ci se compose d'une nef avec chœur et annexes et d'un clocher à plusieurs étages.

La nef s'ouvrira du côté de la montagne par une grande porte sous porche et deux portes latérales disposées pour le passage des processions au travers de la nef. Cette nef sera couverte par une charpente apparente ornée de peintures, décorée d'inscriptions. Sur les murs latéraux, une grande frise enveloppante racontera en une succession de peintures à fresque les principaux épisodes de la vie de Jeanne d'Arc.

Au-dessus, les armoiries de toutes les villes illustrées par sa présence marqueront les étapes de sa gloire et de son martyre.

Le fond du chœur en abside sera décoré de mosaïques glorifiant Saint-Michel, archange sous l'invocation duquel la basilique sera placée.

Les deux ètages inférieurs du clocher s'ouvrent sur la belle vallée de la Meuse. L'étage de soubassement correspondant à la crypte abritera sous une coupole de mosaïque le groupe sculpté par M. André Allar. Ce groupe représente Jeanne d'Arc écoutant ses voix. Dans un geste inspiré, elle reçoit l'épée que lui tend Sainte-Catherine pour aller au secours du royaume de France, tandis que Sainte-Marguerite lui présente le (heaume) casque.

D'autre part, Saint-Michel, foulant aux pieds le

LA BASILIQUE

dragon, montre à Jeanne le ciel auquel elle doit obéir et lui présente l'étendard, symbole des victoires prochaines.

Ce groupe qui ne mesure pas moins de 6 m. 50 de hauteur, et dont les modèles sont aujourd'hui achevés sera exécuté en marbre, bronze doré et granit des Vosges.

Au premier étage du clocher largement ouvert sur trois faces, comme le soubassement, sera placé un autel surhaussé destiné à la célébration de la messe en plein air lors des grands pèlerinages.

En avant de l'autel et en saillie sur la tour, une chaire en pierre permettra les prédications devant la foule assemblée au pied du monument.

Enfin, au-dessus de ces deux étages s'élèvera le clocher proprement dit, construit comme tout le reste de la basilique en pierre d'Euville alternée de bandes de granit gris des Vosges dont les qualités de résistance assureront la durée de l'hommage rendu par la patrie française à la vierge chrétienne et libératrice.

Le Panorama

Le panorama qui se déroule devant vous est de toute beauté.

En face, sur la hauteur de la Côte de Julien, on retrouve encore quelques vestiges de fortifications que l'on a attribuées à un camp romain de Julien l'Apostat qui remonte au milieu du IV· siècle : on voit les villages de Happoncourt et de Moncel qui se signalèrent par un siège soutenu contre les Messins, et furent détruits entièrement pendant les guerres du XV° siècle.

Un peu plus loin sur la droite: Soulosse, pauvre village de 178 habitants, débris de l'ancienne station romaine Solimariaca. Des fouilles entreprises à diverses époques ont mis à jour des statues, des vases, des pierres tombales, des monnaies qui sont allés enrichir le musée d'Epinal.

Derrière Soulosse, on aperçoit Saint Elophe avec sa tour couronnée de la statue du saint qui y subit le martyre au IVe siècle et où l'on voit encore son tombeau; Coussey dont l'église date du XIe du XIIe et du XVe siècle; le magnifique château de Bourlémont, datant du VIIe ou du VIIIe siècle et restauré dans le style Renaissance, véritable nid d'aigles avec ses tourelles moyen-âge, dominant les bois et commandant fièrement toute la vallée. Ce château appartient aujourd'hui au prince d'Hénin, comte d'Alsace.

Tout à fait dans le fond, à 11 kilomètres, on distingue la ville de Neufchâteau.

Sur la gauche, voici Domremy, Greux, Maxey, l'ancien village bourguignon dont les enfants guerroyaient jadis avec les petits Armagnacs de Greux et de Domremy; Brixey, Sauvigny, le fort de Pagny-la-Blanche-Côte, tout ruisselant de lumière sous les chauds rayons du soleil.

Aux pieds de la basilique, la Meuse coule indolente et paresseuse, pendant que plus loin le Vair se déroule gracieux à travers la campagne.

Nous le répétons, c'est là un spectacle magnifique. Que sera-ce lorsque la basilique sera terminée et que de sa flèche élancée, on pourra apercevoir le panorama du côté opposé, par dessus le Bois-Chenu.

Parmi les localités intéressantes cachées derrière des plis de terrain et que l'on ne peut apercevoir de la basilique, citons les suivantes avec leurs distances prises de Domremy:

Vaucouleurs (16 kilomètres), où Jeanne vint trouver le sire de Baudricourt.

Vouthon (8 kilom.) où naquit la mère de Jeanne, Isabelle Romée.

Burey-la-Côte (7 kilom.), où demeurait l'oncle de Jeanne, Durand Laxart, dont on montre encore la demeure aujourd'hui.

Bermont (3 kilom.), célèbre par sa chapelle.

Le Châtelet (7 kilom.), ancien séjour de l'une des plus illustres familles de Lorraine. Deux châteaux modernes sont construits sur les ruines de l'ancien donjon détruit avant 1789.

La chapelle de Beauregard (4 kilom.), érigée au IVe siècle en l'honneur de Notre-Dame de Pitié, d'où l'on peut admirer un panorama de 27 kilom. s'étendant de Neufchâteau à Vaucouleurs.

Siorne (7 kilom.) qui a donné une marraine à Jeanne.

Frebécourt (6 kilom.) qui a fourni un témoin au procès de Jeanne: Etienne, alors curé de Rouceux. C'est au-dessus de ce village que se dresse le château de Bourlémont.

Grand (20 kilom.). 1182 habitants et qui en possédait autrefois plus de 30,000. On y voit les restes d'un amphithéâtre qui pouvait contenir plus de 20,000 spectateurs. En 1883, des fouilles pratiquées sous la direction de M. Voulot, conservateur du musée d'Epinal, ont amené la découverte d'une magnifique mosaïque de 20 mètres de long sur 19 de large. Cette merveille qui remonte aux premiers siècles de l'ère chrétienne, et reproduit une des scènes de la comédie des Adelphes de Térence se trouve dans le jardin de l'hospice et a été mise à l'abri des dégradations et des intempéries par une toiture.

Le Gardien de la maison et les Religieuses

Depuis 1820, la garde de la Maison de Jeanne d'Arc était confiée aux religieuses de la Providence de Portieux. Elles dirigeaient en même temps l'école primaire de Domremy fondée par Louis XVIII et visitaient les malades du village.

Le Conseil général des Vosges décréta en 1888, la laïcisation de cette demeure et le 7 septembre de la même année, elles dûrent quitter ce poste.

Elles ont été remplacées par une institutrice laïque et par un gardien civil.

Le premier se nommait Marcot; il n'y est resté que 27 jours. Le gardien actuel se nomme Schreyech : c'est un ancien gendarme décoré de la médaille militaire.

Les sœurs de la Providence n'ont pas quitté Domremy; elles sont restées au poste d'honneur où les avait appelées Louis XVIII. M. l'abbé Bourgaut curé de la paroisse, avec le concours de plusieurs personnes charitables, leur a procuré un local où elles continuent leur vie de dévouement. Leur maison renferme une école primaire, une école enfantine, un pensionnat primaire et un ouvroir pour former les jeunes filles au travail manuel.

Cette maison où sont élevées les jeunes filles de Domremy et de Greux fonctionne gratuitement. Un excellent moyen de venir en aide à cette œuvre si intéressante serait pour les pélerins de Domremy de se procurer à cette école les différents souvenirs de Jeanne d'Arc: médailles, statuettes, bijoux, photographies, brochures. Tous ces objets sont vendus par les sœurs au profit de l'œuvre de Jeanne d'Arc.

Portrait de Jeanne d'Arc

Parmi les nombreux portraits de Jeanne qui ont été esquissés à différentes époques, reproduisons le suivant dont la facture est assez originale et qui est dû à Mademoiselle de Gournay (1566-1645).

Comment concilier, vierge du ciel chérie,
La douceur de tes yeux et ce glaive irrité ?
—La douceur de mes yeux caresse ma patrie,
Et le glaive en fureur défend sa liberté.

Les Visiteurs

Parmi les visiteurs qui se rendent à la maison de Jeanne, il en est un grand nombre qui apposent leurs noms sur le registre, mais il en est beaucoup qui ne le font pas. Il est donc bien difficile de savoir exactement la quantité des personnes se rendant à Domremy. Voici cependant quelques chiffres.

Du 8 mai 1854 au 8 mai 1855, on a compté 3,200 personnes.

Les noms relevés sur les registres de 1868 à 1877 ne s'élèvent qu'au chiffre total de 15,554.

Depuis cette époque, le nombre des visiteurs varie annuellement entre 3 et 4,000. Aujourd'hui qu'un pélerinage est organisé, c'est par milliers que les fidèles et les patriotes accourront à Domremy.

HISTORIQUE DE LA BASILIQUE

Réveil du patriotisme et de la foi après 1815 et 1870. — Le pèlerinage de 1878 à Domremy. — Comment prit naissance l'idée de construire une basilique. — La mort de Mgr. de Briey. — Le diocèse de Saint-Dié privé d'évêque pendant 2 ans. – Croisade de Mgr. Pagis. — Protestations des Vosgiens. — La réunion de Domremy. — Le sacre de Mgr. Sonnois. — Le conseil général des Vosges vote 100 francs pour la Basilique — Le comité -- visite de Mgr. Sonnois à Domremy — Le pélerinage de Juillet 1890.

Nous avons franchement exposé dans notre préface notre façon de voir au sujet de la Basilique commencée par Mgr. de Briey. Nous avons parlé aussi de la statue monumentale qui sera érigée par les soins du conseil général des Vosges. Nous nous bornerons donc à faire ici l'historique de ces deux projets.

De 1431, année où Jeanne d'Arc fut brûlée vive à Rouen jusqu'à 1815, époque désastreuse où la France fut de nouveau envahie, le souvenir de Jeanne, tout en restant fort honoré, ne suscita pas d'enthousiasme comparable à celui qui signala les années succédant à 1815 et à 1870. C'est qu'à ces deux époques néfastes, le souvenir de la ibératrice se réveilla plus vivace et vint nous soutenir dans nos malheurs.

Nous avons rapporté comment le département des Vosges fut amené en 1819 à acheter et à restaurer la demeure de la Pucelle. Nous avons décrit également le monument qu'on lui éleva l'année suivante en face de sa maison.

Le 10 juillet 1878, quelques années après l'évacuation du territoire, on constate un nouveau réveil du sentiment patriotique et religieux. Mgr. de Briey, évêque de Saint-Dié, prend l'initiativ d'un grand pélérinage à Domremy. 20,000 pélerins accourent de tous les points de la France. Une chapelle champêtre est dressée dans la prairie sur la rive droite de la Meurthe. La messe est dite par le curé doyen de Vaucouleurs. Les dames quêteuses sont mesdames la comtesse d'Olonne, de Saint-Dié ; Houël, id ; comtesse de Gondrecourt, id ; de Lagabe, de Neufchâteau ; de Haldat du Lys, de Nancy ; Mlle du Pont de Romémont id. Après la messe, Mgr. de Briey prononce un sermon dans lequel il rend hommage à la duchesse de Chevreuse qui s'est mise a la tête d'une pacifique croisade en l'honneur de Jeanne d'Arc.

Ajoutons que l'après-midi, le Père Moyse, de l'ordre des Capucins, prononça à son tour un discours à la chapelle de Notre Dame de Bermont.

On se mit alors à l'ouvrage et une somme de 120,000 francs fut dépensée dans les premières constructions dont les murailles s'élèvent déjà à une douzaine de mètres de hauteur. Malheureusement, Mgr. de Briey vint à tomber malade; ses souffrances furent longues et lorsque Dieu l'eût rappelé à lui, l'évêché resta pendant deux ans privé d'évêque. Les travaux en restèrént là.

C'est alors que Mgr Pagis, nouvellement promu évêque de Verdun, entreprit dans différents diocèses ses visites en faveur de Vaucouleurs.

Les protestations ne tardèrent pas à affluer.

Ce fut d'abord une lettre adressée par M. l'abbé Bourgaut, curé de Domremy à tous les évêques de France. Cette lettre était accompagnée des plans et des photographies du monument ainsi que de l'état actuel des travaux.

Ce fut ensuite une longue lettre adressée quelques jours plus tard, par M. Pierre Buffet à plusieurs journaux de Paris, revendiquant pour Domremy l'honneur d'un monument national.

Ce furent encore d'énergiques protestations du chapitre de la cathédrale de Saint-Dié adressées au journal l'*Univers* qui avait déclaré que le monument de Vaucouleurs serait le pendant du sacré Cœur à Montmartre.

Ce fut enfin une note explicative adressée par M. Sublon et M. Chapelier vicaires capitulaires de Saint-Dié à tous les évêques de France.

En même temps, des comités se formaient dans le diocèse de Saint-Dié et Mme la comtesse de Gondrecourt adressait aux femmes du diocèse et du dehors un éloquent appel. Les journaux, sans distinction d'opinion, faisaient valoir les faciles raisons s'élevant en faveur de Domremy contre Vaucouleurs.

Enfin, une importante réunion fut tenue le 16 mars à Domremy. Les habitants de ce village et ceux de Greux avaient invité M. Bouloumié, conseiller général et M. Gérard maire de Vittel, organisateurs du comité d'action ainsi que M. Pierre Buffet dont l'énergique intervention auprès de la presse parisienne a tant contribué à replacer les faits sous leur véritable jour.

Sur une estrade dressée par les soins de la municipalité et du curé, en face de la maison de Jeanne d'Arc, afin de bien affirmer la vérité historique et géographique compromise par les pérégrinations de Mgr. Pagis, avaient pris place un certain nombre de notabilités autour desquelles se groupait un millier de paysans venus des villages voisins.

M. Michel, de Greux, exposa brièvement le but

de la réunion, puis M. Pierre Buffet, dans un exposé chaleureux, lança un bien joli mot que nous avons plaisir à rapporter.

« Les droits de Vaucouleurs, s'est-il écrié, sont ceux que prétendrait invoquer un bureau de recrutement militaire pour élever une statue à un général illustre, parce qu'il est venu y contracter son engagement ! Vaucouleurs n'a d'autre souvenir que celui du sire de Baudricourt, l'officier de recrutement de Jeanne qui reçut son engagement dans les conditions de brutalité et de mépris que l'histoire a enregistrées ! »

M. Bouloumié conseiller général, résuma enfin les efforts tentés de toutes parts dans les Vosges pour barrer la route à la fausse légende, pour rendre à César ce qui est à César et Jeanne la Pucelle à Domremy-la-Pucelle. Il donna enfin lecture d'une lettre de Mgr. Sonnois dans laquelle ce prélat lui donne l'assurance de tout son dévouement l'œuvre de Jeanne la Vosgienne, dévouement qui ne pourra se manifester qu'après les cérémonies du sacre.

Finalement, c'est au milieu d'un véritable enthousiasme qu'est voté un ordre du jour déléguant MM. Viardin, conseiller municipal de Domremy, (le maire étant empêché,) Bourgaut, curé de Domremy, Bouloumié, Henri Gérard, Pierre Buffet, Michel, de Greux, pour aller assister au sacre de Mgr. Sonnois qui avait lieu à trois jours de là

Cette députation devait exposer au nouvel évêque la confiance que l'on avait en lui et implorer son énergique intervention en faveur de l'achèvement du monument de Domremy.

Le 19 mars le sacre de Mgr. Sonnois eut lieu à Auxonne. Après la cérémonie, le nouvel évêque réunit à sa table plus de 150 convives. Nous ne relevons de cette cérémonie, bien entendu, que ce qui a trait à Domremy.

M. Bouloumié, conseiller général du canton de Vittel, lit l'adresse dont nous venons de parler et témoigne à Mgr. Sonnois la confiance que chacun met en lui.

Mgr. Sonnois remercie la délégation vosgienne de la confiance que les compatriotes de Jeanne d'Arc ont mise en son culte pour la sainte libératrice de la France et dans son énergie à continuer l'œuvre entreprise à Domremy par son prédécesseur. « Que les Vosgiens comptent sur moi, dit en terminant Mgr. Sonnois d'une voix vibrante, je serai avec eux.... *et sans peur.*

Et sans reproche ! ajoute Mgr. Lecot, évêque de Dijon, aujourd'hui archévêque de Bordeaux.

Le 16 avril enfin, Mgr. Sonnois faisait son entrée à Saint Dié et, dès le premier jour, prenait énergiquement en main la cause de Jeanne d'Arc.

Le 2(avril, le conseil général des Vosges sur la demande de M. Bouloumié, votait une somme de 100 francs pour la Basilique. Nous parlons de cette séance au chapitre suivant.

Le 30 avril, le comité du monument national se réunissait à Saint-Dié sous la présidence de Mgr. Sonnois et décidait la constitution d'un comité d'action chargé d'aider Monseigneur.

On décida que le comité resterait ouvert à toutes les bonnes volontés et les invitations furent faites dans le sens le plus large et le plus conciliant.

Le 18 mai, jour de l'Ascension, Mgr Sonnois, tenant la promesse qu'il avait faite, se rendait à Domremy pour visiter d'abord les lieux vénérés et se rendre compte ensuite de l'état des travaux.

M. Michel, de Greux, délégué par les autorités municipales de Domremy et de Greux souhaita la bienvenue au nouvel évêque. M. Sédille architecte, l'auteur du monument et son collaborateur, M. Michaux, de Sartes, près de Neufchâteau, lui soumirent les plans de la basilique que Mgr discuta très longuement et point par point en véritable connaisseur.

C'est après avoir visité ces travaux et avoir déploré qu'étant déjà aussi avancés, ils n'aient pu être terminés, que Mgr Sonnois, déclara aux vêpres que les travaux allaient être repris et poursuivis au fur et à mesure des ressources qui parviendraient. Il annonça enfin qu'un grand pélerinage aurait lieu le mardi 22 juillet 1890.

Quelque temps, en effet, après sa première visite, les ouvriers reparaissaient sur ce chantier si longtemps désert et les travaux reprenaient leur cours régulier.

HISTORIQUE DE LA STATUE

MONUMENTALE PATRONÉE PAR LE

Conseil général des Vosges

Le 16 avril, M. Bouloumié dépose au Conseil général un vœu tendant au vote d'une somme de 100 francs pour l'achèvement de la Basilique de Domremy.

Le conseil, dit M. Bouloumié ne peut refuser son appui moral à cette entreprise. Sa proposition émane, il est vrai, des conservateurs, mais ceux-ci sont prêts à voter toute proposition venant d'un conseiller républicain si elle a pour but d'honorer la mémoire de Jeanne.

M. Méline, propose alors de voter 1000 francs pour l'exécution d'une statue qui sera placée devant la maison de Jeanne d'Arc. M. Méline espère que cet amendement qui pose la première base d'un monument national, sans autre considération que celle des sentiments patriotiques qui animent tous les membres du Conseil général aura leur assentiment unanime.

Le Conseil décide que l'on votera d'abord sur la proposition Méline, puis sur la proposition Bouloumié. Le conseil général vote à l'unanimité y compris les conservateurs les 1,000 francs proposés par M. Méline.

La proposition Bouloumié est votée ensuite par 12 voix contre 7.

Ont voté pour le crédit de 100 fr. : MM. Charles Ferry, de Pruines, Blondel, de Ravinel, Cosson, Résal, Claudel, Bouloumié, Mèline, A. Bresson, E. Bresson et Boucher.

Ont voté contre : MM. Valdenaire, Lung, de Ponlevoy, Kœhler, Marcillat, Florion et Albert Ferry.

Les autres membres se sont abstenus.

Le lendemain même de ce vote, un comité provisoire était constitué pour l'érection de la statue. M. Méline en était le président et M. Détieux le secrétaire.

Un appel fut adressé aux souscripteurs ; les conseils municipaux furent invités à voter une subvention ; les présidents des cercles et de toutes les sociétés reçurent une liste de souscription numerotée avec prière de vouloir bien la faire circuler parmi leurs adhérents. La même communication fut faite à tous les directeurs des services administratifs et des listes de souscriptions furent déposées dans de nombreux endroits.

Un appel sera fait en outre, à tous les conseils généraux de France que l'on priera de voter une subvention à leur session d'Août.

BIOGRAPHIE

—

Nous croyons intéressant de retracer en quelques lignes la vie de MM. Sédille, Frémiet et Osiris qui, à des titres divers, ont collaboré à l'œuvre de Jeanne d'Arc.

M. Paul Sédille

M. Paul Sédille, architecte de la Basilique de Domremy, est un ancien élève de l'Ecole des Beaux-Arts où il a perfectionné ce goût inné des belles choses et ces charmantes qualités de dessinateur et de coloriste qui en font un des artistes les plus délicats de notre époque.

La liste des hôtels particuliers qu'il a construits à Paris, à Marseille, à Bône, en Bretagne, un peu partout, est trop longue pour être citée. L'Exposition de 1878 vint lui fournir l'occasion de faire comprendre à tous ce que peut créer un architecte qui cherche à sortir de la reproduction banale des styles du passé dans laquelle s'entête trop souvent l'Ecole. La porte du Palais des Beaux-Arts de 1878, dont on lui est redevable est certainement la première œuvre de cette importance qui ait été exécutée en terre cuite, en faïence et en mosaïque. C'est même dans cette porte qu'il faut chercher le point de départ de toute cette curieuse décoration du palais de la dernière exposition de 1889 ; c'est ce hardi coup de clairon qui a naturellement amené l'emploi des terres cuites et des mosaïques dont les effets colorés, sont si remarquables en architecture.

Une des œuvres capitales de M. Sédille est la construction des grands magasins du «Printemps» création originale et hardie qu'il a entreprise avec la volonté ferme de faire une chose entièrement nouvelle, en usant de tous les procédés récemment mis à jour.

Avant de commencer les magasins du Printemps, M. Sédille était appelé à décorer la salle du théâtre du Palais-Royal. Il a composé cette charmante décoration Louis XV qui a transformé l'ancienne salle froide et banale en un délicieux salon.

Nous ne pouvons également passer sous silence le pavillon du Creusot qui eut un si grand succès à l'exposition de 1878, le monument Schneider au Creuzot et un monument national à Lima (Pérou). Tous ces travaux si nombreux, si variés et si importants, désignaient naturellement M. Paul Sédille à l'attention du gouvernement qui le nomma chevalier de la légion d'honneur en 1878, officier de l'instruction publique en 1888 et enfin officier de la légion d'honneur le 4 mai 1889.

En 1887, il avait été appelé à la place d'architecte de la manufacture de Sèvres.

En 1889, c'est à lui que furent confiées les délicates fonctions de chef du service des installations de l'Exposition universelle.

Nous passons forcément sur bien des œuvres qui suffiraient à elles seules à la renommée d'un architecte. Disons cependant encore que M. Paul Sédille s'est distingué par de très nombreux travaux scientifiques sur la terre cuite et la terre émaillée, sur l'architecture anglaise etc. Après avoir été le secrétaire-adjoint, puis l'archiviste de la Société centrale des architectes français, il en est aujourd'hui le vice-président.

Tel est l'artiste auquel a été confié le soin de construire à Domremy une basilique digne de la Pucelle.

M. Emmanuel Fremiet

M. Emmanuel Fremiet est né à Paris en 1824. Parent du sculpteur Rude dont il devait devenir l'élève, sa vie fut comme celle de son maitre, aussi pénible que profondément honorable.

Il débuta par recevoir des leçons de dessin de Mme Rude, née Fremiet. A 16 ans, il entra chez

La statue de Jeanne d'Arc à Nancy
par E. Fremiet

un peintre d'histoire naturelle au Muséum aux appointements de *cinq francs par mois*. Le soir, il suivait les cours de dessin de la rue de l'Ecole-de-Médecine ; il y remporta des prix et obtint enfin d'être admis dans l'atelier des élèves de Rude qui, à la nuit, le remettait au travail dans son atelier personnel. Rude n'avait pas de fortune ; Fremiet en avait encore bien moins. Or, comme il s'agissait pour lui de continuer à gagner sa vie tout en poursuivant ses études, il commença, moyennant cinq francs par jour à se mettre au service d'un sculpteur qui le chargeait d'exécuter des sujets de sainteté : il entra ensuite dans l'atelier du fils de ce même sculpteur qui trouvait tout simple de signer les travaux de son élève et de s'en attribuer le mérite.

Les soirées étaient consacrées par Fremiet à mouler sur nature pour le musée Orfila des pièces d'anatomie comparée.

Ce genre d'occupation le désigna pour raccorder, par la peinture à l'huile, les taches des cadavres embaumés par le docteur Suquet et déposés à la Morgue !!!

Une petite *Gazelle* en plâtre, tel fut le modeste début de l'artiste au Salon où, depuis, il a figuré presque tous les ans, et où il a remporté tant de médailles et tant de succès.

Lorsque les Tuileries furent incendiées, une magnifique collection de 70 statuettes peintes représentant les différents corps de l'armée française disparut malheureusement dans les flammes.

En revanche, les musées du Luxembourg, de Saint-Germain et de Pierrefonds contiennent plusieurs œuvres superbes de cet artiste.

En 1873, il crée sa Jeanne d'Arc de la place des Pyramides et l'année suivante, il nous donne *Jeanne d'Arc en prières*.

Nous renonçons à citer les œuvres remarquables créées par Fremiet. Nous avons voulu simplement dire un mot de ce sculpteur qui semble avoir pris pour devise celle de Jeanne d'Arc « Vive labeur » et qui vient de doter la ville de Nancy d'une œuvre bien nationale devant laquelle nul ne pourra passer sans ressentir une patriotique émotion.

Ajoutons que M. Fremiet a été nommé chevalier de la légion d'honneur en 1860. Il est officier depuis 1878.

—

La statue de Jeanne d'Arc inaugurée le 28 juin 1890, à Nancy, n'est pas à proprement parler comme on l'a dit, une reproduction de la statue de la place des Pyramides : c'en est une variante avec des différences très notables. Dans celle de Nancy, la tète de Jeanne et ses regards levés vers le ciel lui donnent un air d'inspiration que ne possède pas la première. Au point de vue esthétique la disposition de l'étendard et le dessin de l'encolure du cheval sont des perfectionnements apportés à la forme. Enfin, au point de vue archéologique, certaines pièces d'armure et de harnachement qui n'étaient pas exactement de l'époque ont été réformées et l'artiste a ajouté sur la tête du cheval un chanfrein à œillère qui lui donne beaucoup de caractère.

Ceux qui connaissent la statue de la place des Pyramides pourront se rendre compte de ces modifications, d'après le dessin de M. Gaston Save.

M. Osiris

M-Osiris qui a fait don à la ville de Nancy de la statue de Jeanne d'Arc est avant tout un philantrope.

Propriétaire dans la Gironde du domaine du Château-la-Tour-Blanche, un des premiers grands crûs de Sauterne, il a doté de fontaines populaires la ville de Bordeaux ce qui lui valut de la part du conseil municipal le titre de Richard Wallace de cette ville.

Il a édifié à Arcachon un temple israélite ainsi que la jolie synagogue de la rue Buffaut à Paris. Sans parler de bien d'autres actes de générosité, rappelons le don de cent mille francs que le Syndicat de la Presse a décerné au nom de M. Osiris aux artistes et aux ouvriers qui contribuèrent à la construction de l'admirable Galerie des Machines.

Si des circonstances dont il ne fut pas le maître le forcèrent à renoncer a doter Paris de la statue de Balzac, il fut plus heureux avec celle d'Alfred de Musset à laquelle les maîtres Falguière et Mercié mettent aujourd'hui la dernière main.

Celle-ci s'élèvera à Paris sur la place de l'église Saint-Augustin.

La statue de Jeanne d'Arc n'était pas offerte à Nancy, que M. Osiris concevait le projet d'offrir à la Suisse une statue monumentale de son libérateur Guillaume Tell ; c'est Mercié qui sera chargé de reproduire cette grande figure.

Mercié termine également pour M. Osiris une reproduction du fameux Moïse de Michel Ange qui est à Rome. Cette statue aura 2^{m} 80 de hauteur ; nous ne sommes pas autorisé à dire quelle est sa destination.

Tels sont, en résumé, quelques uns des titres que M. Osiris s'est acquis à la reconnaissance de ses contemporains. C'est un Mécène doublé d'un patriote.

— *FIN* —

TABLE DES MATIÈRES

La statue de Jeanne d'Arc à Nancy
par E. Fremiet

www.ingramcontent.com/pod-product-compliance
Ingram Content Group UK Ltd.
Pitfield, Milton Keynes, MK11 3LW, UK
UKHW022104170726
13837UKWH00003B/1071